RÉPUBLIQUE FRANÇAISE

MINISTÈRE DE LA GUERRE

INSTRUCTION

DU 4 DÉCEMBRE 1889,

RELATIVE AUX OPÉRATIONS PRÉLIMINAIRES

DE

L'APPEL DES CLASSES

VERSAILLES

CERF ET FILS, IMPRIMEURS DE LA PRÉFECTURE

59, RUE DUPLESSIS, 59

1890

MINISTÈRE DE LA GUERRE

INSTRUCTION

DU 4 DÉCEMBRE 1889,

RELATIVE AUX OPÉRATIONS PRÉLIMINAIRES

DE

L'APPEL DES CLASSES

TITRE Ier

CHAPITRE PREMIER

RECENSEMENT ANNUEL

1. Recensement annuel des jeunes gens.

Les maires procèdent chaque année, dans le mois de décembre, au recensement des jeunes gens nés ou domiciliés dans leur commune qui ont atteint l'âge de vingt ans, ou atteindront cet âge avant l'expiration de ladite année.

2. Documents à consulter.

Ils compulsent à cet effet les registres de l'état civil (naissances et décès) et tous les autres documents auxquels ils jugent utile d'avoir recours.

3. Avis à publier par les Maires.

Ils provoquent en même temps, au moyen d'avis publics, la déclaration à laquelle sont tenus, par l'article 10 de la loi, les jeunes gens, leurs parents ou tuteurs. Ils font ressortir l'intérêt que les familles ont à faire elles-mêmes ces déclarations, puisque ceux des jeunes gens appelés par la loi qui seraient omis sont repris lors du recensement de la classe appelée après la découverte de l'omission, quand même, au moment de cette découverte, ils auraient quarante-cinq ans (art. 15 de la loi) et sont privés des chances du tirage au sort par l'inscription d'office en tête de la liste (art. 17 de la loi, § 2°).

4. Dispositions que doivent rappeler ces avis.

Ces avis rappellent aussi qu'aux termes de l'article 14 de la loi les jeunes gens sont, d'après la notoriété publique, considérés comme ayant l'âge requis et tenus de suivre la chance du numéro qui leur échoit au tirage, à moins qu'ils ne produisent avant ce tirage un extrait de naissance régulier, ou, à défaut, un document authentique [art. 46 du Code civil constatant un âge différent (1)].

Les maires rappellent également les dispositions des articles 15, 17 et 69 de la loi portant que les jeunes gens omis sur les tableaux de recensement par suite de fraudes et de manœuvres seront déférés aux tribunaux ; qu'ils pourront être punis d'un emprisonnement d'un mois à un an, et que, dans le cas de condamnation, les premiers numéros du tirage leur seront attribués de droit.

---

(1) Article 46 du Code civil.

Lorsqu'il n'aura point existé de registres ou qu'ils seront perdus, la preuve en sera reçue tant par titres que par témoins ; et, dans ce cas, les mariages, naissances et décès pourront être prouvés tant par les registres et papiers émanés des pères et mères décédés que par témoins.

5. Renseignements sur les jeunes gens domiciliés hors de la commune où ils sont nés.

Les maires transmettent immédiatement à leurs collègues, qui leur en accusent réception, les documents et renseignements concernant l'état civil des jeunes gens domiciliés hors de la commune où ils sont nés, ces jeunes gens devant être portés sur les tableaux de recensement de leur domicile (1).

Les maires apportent à ce travail un soin particulier, l'inexactitude ou l'insuffisance des documents ou des renseignements transmis ayant pour résultat de retarder la participation au tirage et, par suite, la libération des jeunes gens dont il s'agit.

6. Liste des omis à dresser par les préfets.

De leur côté, les préfets font également dresser, dans le mois de décembre, pour chaque commune, et transmettent aux maires, par l'intermédiaire des sous-préfets, la liste des jeunes gens qui ont été signalés comme omis sur les tableaux de recensement des années précédentes et qui, aux termes de l'article 15 de la loi du 15 juillet 1889, doivent être inscrits sur les tableaux de recensement en préparation.

Ils indiquent sur cette liste les omis condamnés par les tribunaux conformément à l'article 69 de la loi, afin que mention

---

(1) Dispositions du Code civil relatives au domicile :

Art. 102. Le domicile de tout Français, quant à l'exercice de ses droits civils, est au lieu où il a son principal établissement.

Art. 103. Le changement de domicile s'opérera par le fait d'une habitation réelle dans un autre lieu, joint à l'intention d'y fixer son principal établissement.

Art. 104. La preuve de l'intention résultera d'une déclaration expresse faite tant à la municipalité du lieu qu'on quittera qu'à celle du lieu où l'on aura transféré son domicile.

Art. 105. A défaut de déclaration expresse, la preuve de l'intention dépendra des circonstances.

Art. 106. Le citoyen appelé à une fonction publique temporaire ou révocable de la condamnation soit reproduite sur les tableaux de recensement.

7. Minute des tableaux de recensement.

A l'aide des renseignements ainsi recueillis, les maires établissent la minute des tableaux de recensement qui doit être terminée le 31 décembre au plus tard.

Cette minute mentionnera toutes les demandes d'inscription présentées par les familles, lors même que le maire, pour un *motif quelconque*, croirait ne pas devoir y donner suite. Le motif du refus d'inscription sera indiqué dans la colonne d'observations.

Il importe que l'administration puisse trouver trace de toute demande d'inscription et des causes de rejet, pour être à même d'apprécier ultérieurement les réclamations que présenteraient les intéressés, au cas où ils seraient appelés comme omis à tirer au sort.

CHAPITRE II

FORMATION DES TABLEAUX DE RECENSEMENT

8. Tableaux de recensement ouverts le 1er janvier.

Les tableaux de recensement des jeunes gens qui doivent

---

conservera le domicile qu'il avait auparavant, s'il n'a pas manifesté d'intention contraire.

Art. 107. L'acceptation de fonctions conférées à vie emportera translation immédiate du domicile du fonctionnaire dans le lieu où il doit exercer ses fonctions.

Art. 108. La femme mariée n'a point d'autre domicile que celui de son mari ; le mineur non émancipé aura son domicile chez ses père, mère ou tuteur ; le majeur interdit aura le sien chez son tuteur.

Art. 109. Les majeurs qui servent ou travaillent habituellement chez autrui auront le même domicile que la personne qu'ils servent ou chez laquelle ils travaillent, lorsqu'ils demeurent dans la même maison.

faire partie de la classe appelée sont ouverts le 1er janvier de chaque année ; ils sont conformes au modèle ci-joint (n° 1).

9. Inscription des jeunes gens de la classe et des classes antérieures.

Les maires inscrivent sur les tableaux de recensement :

1° Les jeunes gens dont ils ont fait le recensement dans le courant du mois de décembre précédent et qu'ils ont reconnus devoir y figurer ;

2° Ceux que les autres maires leur ont signalés et dont ils ont constaté le domicile légal dans leur commune.

Afin d'éviter que les jeunes gens soient inscrits dans deux cantons à la fois, les maires du lieu du domicile légal donnent avis de l'inscription aux maires du lieu de la résidence ;

3° Les omis des classes antérieures qui leur ont été signalés ou qu'ils ont découverts eux-mêmes.

10. Jeunes gens non inscrits sur les registres de l'état civil.

Si un jeune homme présumé appartenir à la classe de l'année ne produit pas son acte de naissance et n'est pas porté sur les registres de l'état civil, il y a lieu de consulter sur son âge la notoriété publique (art. 14 de la loi). Le maire procède, à cet effet, à une enquête administrative ; il ne se borne pas dans cette enquête à recevoir les déclarations des personnes qui lui sont présentées par les parties, mais il provoque lui-même les déclarations des notables habitants et principalement des habitants qui ont des fils inscrits sur les tableaux de la classe.

Il n'est pas nécessaire, en l'absence des registres de l'état civil, de consulter la notoriété publique pour les jeunes gens qui produisent à la place de leur acte de naissance un jugement régulier constatant leur âge et rendu contradictoirement avec le ministère public.

11. Jeunes gens absents ou condamnés.

Les maires consignent dans la colonne d'observations des tableaux de recensement les renseignements qu'ils ont obtenus, soit des parents, soit de la population, sur les jeunes gens absents. Ils y inscrivent également les indications qu'ils possèdent sur les jeunes gens qui ont été frappés de condamnations pouvant entraîner l'application des articles 4 (1) et 5 de la loi ; mais ces dernières indications ne figureront pas sur le tableau destiné à être affiché.

12. Majeurs non mariés inscrits au domicile de leurs parents.

Les jeunes gens qui atteignent leur majorité avant le tirage au sort doivent être inscrits au domicile de leurs parents, alors même qu'ils auraient un domicile distinct de celui de leur père ou de leur mère.

Il est fait exception à cette règle pour les jeunes gens mariés, qu'ils soient majeurs ou mineurs, lorsqu'ils ont un domicile autre que celui de leur père ou de leur mère.

13. Jeunes gens expatriés ou résidant soit à l'étranger, soit dans les pays de protectorat.

Les jeunes gens établis avec leur famille soit à l'étranger, soit dans les pays de protectorat, doivent être portés sur les listes de la classe à laquelle ils appartiennent par leur âge (art. 13 de la loi), quelque éloignée que soit la date de leur départ, toutes les fois que leur existence est certaine. Elle doit

---

(1) Les jeunes gens visés par l'article 4 de la loi ne sont plus, comme sous l'empire de la législation précédente, rayés par le sous-préfet au moment du tirage. Le conseil de revision les inscrit sur la septième partie de la liste de recrutement.

être considérée comme certaine s'ils ont donné de leurs nouvelles pendant l'année qui précède leur inscription sur lesdites listes, ce dont les maires prendront soin de s'assurer dès les derniers mois de la même année.

Si, au contraire, les nouvelles reçues de ces jeunes gens remontent à une date plus ancienne, tout en procédant à l'inscription, les maires les signalent immédiatement au préfet du département, en lui indiquant, aussi exactement que possible, le lieu de leur résidence à l'étranger. De son côté, le préfet doit s'adresser sans délai au département des affaires étrangères ou au département des colonies suivant le cas, afin d'obtenir par son intermédiaire les renseignements nécessaires pour éclairer le conseil de révision sur la décision à rendre à leur égard.

Les jeunes gens dont la famille est domiciliée en France, et qui se trouvent en pays étranger ou en pays de protectorat, doivent être inscrits au tableau de recensement de la commune où leur père, leur mère ou leur tuteur a son domicile.

14. Jeunes gens dont le père est interdit ou légalement déclaré absent.

Quand le père est interdit, et qu'il n'habite pas au même lieu que la mère ou lorsqu'il a été légalement déclaré absent, c'est au domicile de la mère, et, si elle est décédée, au domicile soit du tuteur, soit du jeune homme s'il n'a pas de tuteur, que doit être effectuée l'inscription.

15. Élèves des hospices civils.

Les jeunes gens placés sous la tutelle des commissions administratives des hospices sont, par mesure d'ordre, inscrits sur les tableaux de recensement de la commune où ils résident au moment de la formation de ces tableaux.

En conséquence, que ces jeunes gens soit mineurs, ou qu'ils

soient majeurs à l'époque déterminée pour le tirage, ils doivent être inscrits dans la commune où ils résident et concourir au tirage dans le canton auquel appartient cette commune.

Chaque année, aussitôt que l'époque des opérations de la classe à appeler a été déterminée, les préfets dressent un état de tous les élèves des hospices civils de leur département qui appartiennent par leur âge à la classe.

Pour ceux qui résident dans le département, ils envoient au maire de la commune tous les renseignements nécessaires à leur inscription sur les tableaux de recensement.

Pour ceux qui habitent dans d'autres départements, ils transmettent aux préfets de ces départements les renseignements dont il s'agit.

16. Jeunes gens en Algérie ou aux colonies.

L'article 81 de la loi du 15 juillet 1889 supprime, au point de vue du recensement, toute distinction entre le territoire de la France et le territoire de l'Algérie ou des colonies.

En conséquence, les jeunes gens domiciliés avec leur famille en Algérie ou aux colonies doivent, comme les jeunes gens domiciliés en France, être inscrits sur les tableaux de recensement au lieu de leur domicile, c'est-à-dire soit en Algérie, soit aux colonies.

Les jeunes gens résidant en Algérie ou aux colonies, dont la famille est domiciliée en France, sont inscrits au lieu de leur résidence, c'est-à-dire soit en Algérie, soit aux colonies.

S'ils avaient été portés sur les tableaux de recensement au domicile de leur famille, ils en seraient rayés sur la justification de l'inscription au lieu de leur résidence.

Des décrets ultérieurs règleront les détails du recensement dans les colonies.

En Algérie, les règles tracées par la présente instruction

seront appliquées dès à présent, sauf en ce qui concerne le tirage au sort, cette opération étant sans objet, puisque tous les jeunes soldats du contingent algérien sont appelés pour une année seulement (art. 81 de la loi, § 3).

17. Questions de nationalité à examiner lors du recensement.

L'attention des préfets et des maires est spécialement appelée sur la loi du 26 juin 1889 qui a refondu et codifié notre législation en matière de nationalité.

Cette loi énumère d'abord (art. 8 du Code civil modifié) cinq catégories de Français :

1° L'individu né *d'un Français* en France ou à l'étranger ;

2° L'individu né *en France de parents inconnus* ou dont la nationalité est inconnue ;

3° L'individu né *en France d'un étranger qui lui-même y est né* ;

4° L'individu né *en France d'un étranger* et qui, à sa majorité, est *domicilié en France*, à moins que, dans l'année de sa majorité, il ne répudie la qualité de Français en produisant les justifications prescrites ;

5° L'étranger naturalisé.

A ces cinq catégories d'individus, la loi du 15 juillet 1889 impose indistinctement l'obligation du service militaire. Il n'y a de différence que pour l'époque à laquelle ils doivent être inscrits sur les tableaux de recensement.

18. Jeunes gens nés en France ou à l'étranger de parents français.

Le fils de Français, qu'il soit né en France ou à l'étranger, est tenu à se faire inscrire avec sa classe.

Il importe de remarquer : 1° que la loi du 26 juin 1889 range dans cette catégorie l'enfant naturel dont la filiation française est établie lors même qu'elle ne le serait qu'à l'égard de l'un seulement des auteurs ; 2° que, si la preuve est établie successivement pour le père et la mère, l'enfant suit la nationalité de celui des deux à l'égard duquel elle a d'abord été faite ; 3° enfin, que, si la preuve résulte pour les deux auteurs du même acte de reconnaissance ou du même jugement, l'enfant suit la nationalité du père.

19. Jeunes gens nés en France de parents inconnus ou dont la nationalité est inconnue.

Est Français de plein droit, par le seul fait de sa naissance sur le sol français, l'individu dont les parents sont inconnus ou avaient une nationalité inconnue. Par suite, tous les hommes de cette catégorie doivent, comme les précédents, être inscrits sur les tableaux de recensement de la classe que leur assigne leur âge.

20. Jeunes gens nés en France d'un étranger qui lui-même y est né.

Quant aux jeunes gens nés d'un étranger qui lui-même y est né, le premier alinéa de l'article 11 de la loi du 15 juillet 1889 contient à leur égard une disposition abrogée.

En visant, en effet, la loi du 16 décembre 1874, l'article 11 reconnaît à ces jeunes gens la faculté de répudier la qualité de Français dans l'année qui suit leur majorité et prescrit de retarder leur inscription jusqu'au recensement de la classe formée après l'époque de leur majorité.

D'après la loi du 26 juin 1889 (art. 8, § 3, du Code civil modifié), intervenue entre le vote au Sénat de la loi militaire et sa promulgation, cette faculté n'existe plus. Ces jeunes gens, au lieu de la qualité de Français sous condition résolutoire que leur reconnaissait la législation ancienne, tiennent aujourd'hui, du fait de leur naissance, cette qualité à titre définitif et irrévocable. En conséquence, il faut les inscrire, dès la formation de la classe à laquelle ils appartiennent par leur âge.

21. Jeunes gens nés en France d'un père étranger qui n'y est pas né et qui sont domiciliés en France à leur majorité. — Fils mineurs d'un père ou d'une mère survivant qui se font naturaliser ou réintégrer Français.

Pour les individus nés en France d'un étranger et domiciliés en France lors de leur majorité, la loi du 26 juin 1889 les déclare Français, mais sous condition résolutoire, c'est-à-dire, à moins qu'ils ne répudient la qualité de Français dans l'année de leur majorité telle qu'elle est fixée par la loi française (art. 8, § 4 du Code civil modifié).

Sont également Français, sous condition résolutoire dans les termes ci-dessus spécifiés, les enfants mineurs d'un père ou d'une mère survivant, qui se font naturaliser ou réintégrer Français (art. 12, § 3 et art. 18 du Code civil modifié).

Leur situation sous le rapport du recrutement est régie par l'article 11, § 2, de la loi militaire stipulant qu'ils sont inscrits avec la classe dont la formation suit l'époque de leur majorité.

Il résulte de ce texte que le maire doit, conformément à l'article 10, § 2, de la loi du 15 juillet 1889, les inscrire d'office sur les tableaux de recensement de la classe formée après l'époque de leur majorité sans attendre qu'ils aient atteint l'âge de vingt-deux ans révolus.

Si, après leur inscription, ils répudient la qualité de Français, ils ne devront être rayés, soit lors du tirage au sort, soit au moment de la revision, que s'ils produisent les justifications suivantes exigées par l'article 8, § 4, du Code civil modifié, à savoir :

1° Une *déclaration* souscrite par eux à l'effet de décliner la qualité de Français, et enregistrée au Ministère de la Justice ; 2° une *attestation* en due forme de leur gouvernement annexée à la déclaration précitée ; 3° un *certificat* constatant qu'ils ont satisfait à la loi militaire dans leur pays (1).

Les affiches posées, lors des opérations préliminaires de chaque classe, rappelleront ces formalités aux individus nés en France d'un étranger qui n'y est point né, ainsi qu'aux enfants mineurs lors de la naturalisation ou de la réintégration de leurs parents. Elles attireront aussi l'attention sur les dispositions justement rigoureuses des articles 15 et 69 de la loi militaire relativement aux jeunes gens omis, soit par négligence, soit par fraudes.

22. Individus devenus Français par naturalisation ou réintégration.

Comblant une lacune de l'ancienne législation, la loi du 15 juillet 1889 (art. 12) assujettit formellement les naturalisés et les réintégrés au service militaire et prescrit de porter ces individus sur les tableaux de recensement de la première classe formée après leur changement de nationalité. Ils ne sont d'ailleurs astreints qu'aux obligations de service dues par la classe à laquelle ils appartiennent par leur âge.

Dès qu'ils auront connaissance de la naturalisation ou de la réintégration accordée à ces hommes, les Maires devront les

---

(1) Si, dans le pays dont se réclame le déclarant, le service militaire n'existe pas (comme en Angleterre), ou s'il en est dispensé pour ce motif qu'il appartient à une classe d'individus qui n'y est pas astreinte (comme les chrétiens en Turquie), un certificat constatant cette situation doit être produit au lieu et place du certificat exigé sous le n° 3.

inscrire d'office sur les tableaux de recensement, à moin
qu'ils n'aient quarante-cinq ans révolus.

**23. Jeunes gens nés en France d'un étranger né hors
de France et qui n'y sont pas domiciliés à leur majorité (déclaration de l'art. 9 du Code civil).**

L'individu qui, étant né en France d'un étranger, n'est point
domicilié en France à sa majorité, peut, jusqu'à l'âge de vingt-
trois ans accomplis, devenir Français par voie de déclaration,
moyennant trois formalités : 1° faire sa soumission de fixer en
France son domicile devant l'agent diplomatique ou consulaire
de France le plus proche ; 2° l'y établir effectivement dans
l'année à compter de l'acte de soumission ; 3° souscrire dans le
même délai, devant le juge de paix du canton où il réside,
la déclaration prévue par l'article 9 du Code civil modifié
(§ 1°).

Ces mêmes formalités peuvent être accomplies au profit de
l'enfant mineur par ses représentants légaux (art. 9 du Code
civil modifié, (§ 2°).

Si la déclaration est souscrite par un majeur, les Maires
l'inscriront avec la première classe formée après l'enregistre-
ment de la déclaration.

Si elle est souscrite par un mineur, ce dernier sera inscrit
d'office dès la formation de la classe à laquelle il appartient
par son âge.

Si, en l'absence de déclaration, un jeune homme de cette
catégorie avait été inscrit par erreur sur les tableaux de recensement, et qu'il eût pris part au tirage sans exciper de son
extranéité, il deviendrait Français de plein droit et ne devrait
pas être rayé des listes du recrutement (art. 9 du Code civil
modifié, § 3).

24. Individus nés en France ou à l'étranger de parents dont l'un a perdu la qualité de Français.

Aux termes de l'article 10 du Code civil modifié, les formalités et la déclaration prévues par l'article 9 précité pour l'acquisition de la qualité de Français sont permises à *tout âge* à l'individu né en France ou à l'étranger de parents dont l'un a perdu la qualité de Français, à moins que, domicilié en France et appelé sous les drapeaux lors de sa majorité, il n'ait revendiqué la qualité d'étranger.

En conséquence, les maires devront inscrire ces individus sur les tableaux de recensement de la première classe formée après l'acceptation de leur déclaration, à moins qu'ils n'aient quarante-cinq ans révolus.

25. Enfants majeurs de l'étranger naturalisé ou réintégré Français.

Les enfants majeurs de l'étranger naturalisé ou réintégré Français peuvent devenir eux-mêmes Français de deux manières : 1º par le décret qui confère la naturalisation à leur père ou à leur mère ; 2º à l'aide des formalités et de la déclaration prévues par l'article 9 du Code civil modifié.

Dans l'un et l'autre cas, les maires inscriront ces individus avec la première classe formée après leur changement de nationalité, tant qu'ils n'ont pas l'âge de quarante-cinq ans accomplis.

26. Jeunes gens dont la nationalité soulève une question judiciaire.

Les maires n'hésiteront pas d'ailleurs à inscrire les jeunes gens sur la nationalité desquels ils auraient des doutes, mais ils signaleront d'urgence les cas douteux aux préfets qui sta-

tueront ou introduiront, au nom de l'État, une instance devant
ɪe tribunal du domicile de l'inscrit, pour obtenir un jugement
soit avant le tirage, soit, au plus tard, à l'époque de la réunion
du conseil de revision.

Si lors de cette réunion, une solution judiciaire n'était pas
intervenue, le conseil de revision rendrait une décision condi-
tionnelle, conformément à l'article 31 de la loi.

27. Tableaux modifiés tant qu'ils ne sont pas définitifs.

Les tableaux de recensement ne sont définitifs que lorsqu'ils
ont été examinés et arrêtés par les sous-préfets assistés des
maires du canton, opération qui a lieu le jour même du
tirage ; jusqu'à ce moment, ils ne sont que provisoires et
peuvent subir toutes les modifications qu'exige la position des
jeunes gens.

28. Mutations survenues parmi les inscrits.

Les maires tiennent exactement note des mutations concernant les jeunes gens de la classe dans l'intervalle qui peut
s'écouler entre le moment de l'ouverture des tableaux de recensement (1ᵉʳ janvier) et celui de la publication ; ils vérifient,
dans cet intervalle, l'exactitude des renseignements qui leur
ont été fournis, et ils dressent l'expédition qui doit être affichée.

29. Jeunes gens qui changent de domicile.

Au cas où des jeunes gens établissent, avant le jour fixé
pour le tirage, qu'ils ont leur domicile dans une autre commune, le maire, après s'être assuré que les réclamants sont
inscrits à leur nouveau domicile, les raye des tableaux de recensement, et notifie cette radiation à son collègue dans le
plus bref délai.

30. Jeunes gens visités au lieu de leur résidence.

Les maires ont soin de prévenir leurs administrés que les jeunes gens résidant hors du département, qui sollicitent l'autorisation de se faire visiter par le conseil de revision du département où ils se trouvent, doivent faire leur demande, le jour même du tirage au sort, au fonctionnaire chargé de présider à cette opération dans le canton.

Cette demande transmise au préfet peut être accueillie si elle est motivée sur des considérations laissées à l'appréciation de ce fonctionnaire.

Tout homme qui avant l'ouverture des opérations des conseils de revision n'aurait pas été avisé que sa demande a été accueillie doit se présenter dans le canton où il a participé au tirage au sort.

31. Visite des jeunes gens qui résident à l'étranger.

Les préfets autorisent également la visite au lieu de leur résidence des jeunes gens qui séjournent à l'étranger, mais la demande doit en être faite au maire de la commune du domicile, le 15 janvier au plus tard. Dès cette époque, les maires adressent aux préfets, par l'intermédiaire des sous-préfets, un extrait particulier des tableaux de recensement (modèle n° 12) concernant chacun de ces jeunes gens.

Ils y joignent une feuille individuelle (modèle n° 13) contenant tous les renseignements qui sont de nature à éclairer sur la position de famille de ces jeunes gens et à mettre à même d'en reconnaître l'identité.

Les préfets, sans avoir besoin de réclamer l'autorisation du Ministre de la guerre ni l'intermédiaire du Ministre des affaires étrangères, les signalent sans retard à nos agents à l'étranger,

en leur transmettaut tous les renseignements qu'ils ont recueillis.

Nos agents, aussitôt après la réception de ces pièces, font
procéder, en leur présence, par le médecin attaché à l'ambas-
sade ou au consulat, à la visite des jeunes gens qui leur ont
été ainsi signalés, après avoir au préalable constaté leur identité. Ils transmettent sans retard et *directement* aux préfets le
résultat de cette visite.

Mais les préfets ne doivent autoriser les jeunes gens résidant
à l'étranger à se faire visiter au lieu de leur résidence que
dans les cas exceptionnels, et alors seulement que ces jeunes
gens ont à invoquer comme motif d'exemption une infirmité
d'une nature telle que l'inaptitude au service militaire ne puisse
faire doute pour personne. Les frais de visite sont à leur
charge.

32. Le Conseil de revision du domicile prend seul une décision définitive.

Les jeunes gens qui demandent à être visités hors de leur
département doivent être prévenus que le conseil de revision
de la résidence ne fait qu'émettre un avis qui servira sans
doute à éclairer le conseil de revision du domicile, mais que
ce dernier n'est pas tenu de suivre pour sa décision.

A plus forte raison, l'avis émis pour les jeunes gens résidant
à l'étranger ne saurait-il enchaîner la décision du conseil de
revision. Les Maires et les Sous-Préfets ne manquent pas de
faire comprendre aux jeunes gens quelles sont les conséquences
auxquelles ils s'exposent, en ne comparaissant pas devant le
conseil de revision de leur domicile appelé exclusivement à
prendre une décision définitive à leur égard.

33. Mention sur les tableaux de recensement des motifs d'exemption et de dispense.

Les Maires provoquent et mentionnent sur les tableaux de recensement les réclamations que les jeunes gens auraient à faire valoir soit pour être exemptés, soit pour être dispensés (art. 20, 21, 22, 23 et 50 de la loi du 15 juillet 1889), soit pour obtenir l'application des articles 28, 29 et 30 de la même loi ; ils indiquent à ces jeunes gens ou aux personnes qui les représentent les pièces qu'ils auront à produire pour justifier de leurs droits, en les invitant à se les procurer en temps opportun. (Voir les modèles annexés à la présente instruction.) Ils les invitent à faire, sans aucun retard, les démarches nécessaires pour réunir les pièces justificatives de leurs droits, et rappellent à ceux qui seraient dans le cas d'invoquer la dispense comme frères de militaires que la demande du certificat de présence doit être faite par lettre affranchie au président du Conseil d'administration du corps où se trouve le militaire (1).

---

(1) Afin de faciliter aux jeunes gens le moyen de se procurer les certificats d'activité de leurs frères, les Maires dressent, dès la publication des tableaux de recensement, les états nominatifs de ces jeunes gens et les envoient immédiatement aux Préfets, qui écrivent directement aux conseils d'administration des corps pour la délivrance des certificats d'activité des hommes appartenant à l'armée de terre.

Il devra en être de même lorsqu'il s'agira d'obtenir l'extrait mortuaire d'un militaire dont le décès est récent. Dans les autres cas, la demande doit être adressée au Maire de la commune où le militaire était domicilié au moment de son entrée au service ; si l'acte de décès n'avait pas été transcrit sur les registres de ladite commune, la famille le réclamerait au Ministre de la Guerre. (*Bureau des archives administratives.*)

Pour les hommes de l'armée de mer, les Préfets devront s'adresser directement au Ministre de la Marine.

Mais il demeure bien entendu que l'intervention de l'autorité en cette circonstance est purement officieuse et n'engage en aucune façon sa responsabilité au sujet des erreurs, des irrégularités ou des retards qui pourraient avoir lieu. Il est essentiel que les Maires et les Sous-Préfets aient grand soin de ne pas le laisser ignorer aux jeunes gens et à leurs familles.

En ce qui concerne les jeunes gens ayant des titres aux di-verses dispenses prévues à l'article 21 de la loi, et ceux qui se proposent de réclamer comme soutiens de famille l'application de l'article 22, le Maire insiste tout particulièrement sur l'obligation imposée par la loi aux intéressés de déposer entre ses mains, *avant le tirage au sort*, leur demande accompagnée des pièces justificatives (onzième alinéa de l'article 21, et deuxième alinéa de l'article 22).

Le Maire donne aux déposants récépissé de leur demande et des pièces y annexées.

Pour les jeunes gens absents et qui ne seraient pas représentés, les Maires s'éclairent, soit en consultant ceux de leurs administrés qui connaîtraient les absents, soit par tout autre moyen qu'ils jugent convenable.

Ils doivent d'ailleurs s'informer de tous les changements survenus dans la position des jeunes gens pendant le temps qui s'écoule entre le tirage au sort et la décision du conseil de revision, afin d'être toujours au courant de leur situation, jusqu'au jour où il est définitivement statué à leur égard.

34. Mentions sur les tableaux de la profession des jeunes gens.

Les Maires ne manquent pas d'obéir à la prescription de la loi qui exige (art. 10) que la profession de chacun des jeunes gens soit mentionnée dans les tableaux de recensement.

Il importe que les professions des jeunes gens soient vérifiées avec tout le soin possible ; car des indications fournies à ce sujet par les tableaux de recensement dépend, en grande partie, l'affectation que donnent aux hommes les commandants des bureaux de recrutement. Les mécaniciens, cordonniers, tailleurs d'habit, selliers, bourreliers, maréchaux-ferrants, et les jeunes gens ayant l'habitude de monter à cheval ou de conduire les voitures, doivent tout particulièrement être signalés.

35. Instruction des jeunes gens.

Dans le même but, les Maires prennent sur l'instruction des jeunes gens des renseignements précis, qui sont indiqués de la manière suivante, en regard de chaque nom, dans la colonne ouverte à cet effet sur le tableau de recensement :

Par les chiffres :

0, pour le jeune homme qui ne sait ni lire ni écrire ;

1, pour le jeune homme qui sait lire ;

2, pour le jeune homme qui sait lire et écrire ;

3, pour le jeune homme qui sait lire, écrire et compter ;

4, pour celui qui a obtenu le brevet de l'enseignement primaire ;

5, pour les bacheliers ès lettres, ès sciences, ou les bacheliers de l'enseignement secondaire spécial ;

Par la lettre X, pour le jeune homme sur le degré d'instruction duquel aucun renseignement n'aura pu être obtenu.

Les Maires réclament le concours des instituteurs publics pour être plus complétement fixés sur le degré d'instruction des jeunes gens qu'ils ont à inscrire, surtout en ce qui concerne les absents.

Les connaissances en musique doivent également être mentionnées sur les tableaux de recensement, surtout en ce qui concerne les instrumentistes appartenant aux musiques municipales ; enfin on indiquera, le cas échéant, les prix de tir ou de gymnastique obtenus.

Les maires s'attacheront à faire comprendre aux familles qu'elles ont tout intérêt à fournir ces renseignements de la manière la plus exacte, attendu qu'ils donnent les moyens de classer les jeunes gens dans les corps de la façon qui peut leur être le plus profitable.

Il est ouvert sur la minute des tableaux de recensement (modèle n° 1 de la présente instruction) une colonne n° 13 assez large pour recevoir, avec la mention « certifié véritable » écrite de leur main, les signatures des jeunes gens qui se sont fait inscrire, ou des personnes qui se sont présentées pour eux.

Ceux qui ne savent pas signer apposent une croix.

Pour les absents inscrits d'office, le maire porte le mot : absent :

Les expéditions des tableaux de recensement (n° 41 de la présente instruction) doivent contenir également cette colonne dans laquelle les maires inscrivent la mention que le jeune homme ou son représentant a signé, ou qu'il a apposé une croix, ou qu'il est absent.

36. Pièces non assujetties au timbre

Les certificats, les extraits d'actes de l'état civil, et généralement toutes les pièces que les jeunes gens ont à produire, soit pour leur inscription sur les tableaux de recensement, soit pour la justification devant les conseils de révision de leurs droits à la dispense, sont affranchis du droit de timbre, et doivent, en outre, être délivrés sans frais. Afin de prévenir toute difficulté en ce qui concerne la légalisation des extraits d'actes de l'état civil, il a été arrêté, de concert entre les départements de la justice et de la guerre, que les préfets et les sous-préfets légaliseraient ces extraits.

37. Indication de l'emploi qui doit en être fait.

Les fonctionnaires qui délivrent, visent et légalisent lesdites pièces, veillent à ce que l'emploi spécial qui doit en être fait, y soit expressément mentionné.

CHAPITRE III

PUBLICATION DES TABLEAUX DE RECENSEMENT

38. Publication des tableaux de recensement.

Les tableaux de recensement sont publiés et affichés dans chaque commune les premier et deuxième dimanches du mois de janvier, sauf les années où le 1er janvier tombe un dimanche ; dans ce cas, la publication a lieu les deuxième et troisième dimanches (1).

Les préfets ont soin de rappeler chaque année ces prescriptions par un avis inséré, dans les premiers jours de décembre, au *Recueil des actes administratifs*.

Cette publication a lieu suivant les formes prescrites par les articles 63 et 64 du Code civil (2).

39. Fixation des époques auxquelles doivent s'effectuer l'examen des tableaux et le tirage au sort.

Un décret fixe, chaque année, les époques auxquelles doivent s'effectuer l'examen des tableaux de recensement et le tirage

---

(1) Les tableaux qui seront publiés ne devront contenir que les colonnes 1 à 9 inclusivement du modèle n° 1.

(2) Articles 63 et 64 du Code civil :

ART. 63. Avant la célébration du mariage, l'officier de l'état civil fera deux publications à huit jours d'intervalle, un jour de dimanche, devant la porte de la maison commune. Ces publications et l'acte qui en sera dressé énonceront les prénoms, noms, professions et domiciles des futurs époux, leur qualité de majeurs ou de mineurs, et les prénoms, noms, professions et domiciles de leurs pères et mères. Cet acte énoncera, en outre, les jours, lieux et heures où les publications auront été faites ; il sera inscrit sur un seul registre qui sera coté et paraphé comme il est dit en l'article 41, et déposé, à la fin de chaque année, au greffe du tribunal de l'arrondissement.

ART. 64. Un extrait de l'acte de publication sera et restera affiché à la porte de la maison commune pendant les huit jours d'intervalle de l'une à l'autre publication. Le mariage ne pourra être célébré avant le troisième jour, depuis et non compris celui de la seconde publication.

au sort. Aussitôt après la réception de ce décret, les préfets font publier et afficher dans toutes les communes un arrêté indiquant ces époques.

40. Avis à publier.

Les maires publient dans les formes indiquées ci-dessus, d'après les arrêtés des préfets, l'avis qui, aux termes du dernier paragraphe de l'article 10 de la loi sur le recrutement, doit indiquer les lieux, jour et heure où il sera procédé à l'examen desdits tableaux et à la désignation par le sort du numéro assigné à chaque jeune homme inscrit.

Cet avis emporte convocation pour les jeunes gens de la classe appelée, leurs parents ou tuteur, et l'obligation de se présenter doit y être expressément mentionnée.

41. Remises par les maires de deux expéditions des tableaux.

Quelques jours avant l'époque fixée par le tirage au sort, les maires établissent deux expéditions des tableaux de recensement de leur commune, pour être remises au sous-préfet ou au fonctionnaire chargé de présider à la révision de ces tableaux et au tirage au sort.

42. Ordre d'inscription.

Tous les jeunes gens sont inscrits sur ces expéditions dans l'ordre alphabétique rigoureux de leurs noms de famille.

TITRE II

CHAPITRE PREMIER

EXAMEN ET RECTIFICATION DES TABLEAUX DE RECENSEMENT

43. Sous-Préfets assistés des Maires pour l'examen des tableaux.

Les sous-préfets ou les fonctionnaires qui les remplacent légalement, président à l'examen des tableaux de recensement, dans l'étendue de leur arrondissement.

Conformément aux prescriptions de l'article 16 de la loi, ils sont assistés, dans les cantons composés de plusieurs communes, des maires du canton ; dans les communes qui forment un ou plusieurs cantons, du maire et de ses adjoints. Dans les villes divisées en plusieurs arrondissements, le préfet ou son délégué est assisté d'un officier municipal de l'arrondissement (art. 16 de la loi).

44. Fonctionnaires chargés de présider à l'examen des tableaux dans les arrondissements chefs-lieux.

Le secrétaire général de la préfecture, ou un conseiller de préfecture désigné par le préfet, pourra présider à l'examen des tableaux des cantons formant l'arrondissement du chef-lieu du département.

Pour les arrondissements des chefs-lieux de département qui ont beaucoup de cantons, les préfets peuvent désigner plusieurs conseillers de préfecture, qui opèrent simultanément avec le secrétaire général de la préfecture.

45. Maires suppléés par leurs adjoints.

Lorsque des motifs légitimes les empêchent d'assister à l'examen des tableaux de recensement, les maires doivent être remplacés par un de leurs adjoints.

Chacun d'eux est porteur, ainsi qu'il a été dit précédemment, des deux expéditions du tableau de recensement de sa commune et les remet au fonctionnaire chargé de présider au tirage.

46. Présence de la gendarmerie.

Un officier de gendarmerie et, suivant les circonstances, une ou deux brigades de cette arme doivent, sur la réquisition du sous-préfet, se rendre au lieu de la réunion pour maintenir le bon ordre.

47. Examen des tableaux au chef-lieu de canton.

L'examen des tableaux de recensement et le tirage au sort devant avoir lieu par canton, le sous-préfet se transporte à cet effet dans chaque chef-lieu de canton.

48. Lecture des tableaux.

Après avoir donné lecture publique du tableau de recensement de chacune des communes du canton, le sous-préfet demande aux personnes présentes si elles ont quelques observations ou réclamations à présenter, tant au sujet des inscriptions portées sur ledit tableau qu'à l'égard des omissions qui auraient pu être commises.

Dans tous les cas, le sous-préfet ne statue qu'après avoir pris l'avis des maires (art. 16 de la loi).

49. Jeunes gens inscrits d'après la notoriété publique.

Sont maintenus sur les tableaux de recensement les jeunes

gens que la notoriété publique a désignés comme ayant l'âge requis, et qui n'ont pas justifié d'un âge différent dans les formes voulues par l'article 14 de la loi.

50. Jeunes gens non inscrits et signalés par la notoriété publique.

A moins de preuves irrécusables, le sous-préfet doit refuser d'inscrire d'après la notoriété publique, les jeunes gens qui, n'ayant pas été portés sur les tableaux de recensement par les maires, n'ont pas été mis en demeure de justifier de leur âge, conformément à l'article 14 de la loi ; mais il prend note de leur position pour qu'ils soient inscrits, s'il y a lieu, dans la commune de leur domicile, sur les tableaux de la classe suivante.

51. Radiation des omis.

Sont rayés des tableaux de recensement :
Les omis qui justifient qu'ils ont quarante-cinq ans accomplis (art. 15 de la loi).

52. Le Sous-Préfet statue sur les refus d'inscription par les Maires.

S'il y a constatation relativement à des refus d'inscription provenant du fait des maires, le sous-préfet statue conformément à la loi et effectue les inscriptions qu'il juge devoir être faites.

53. Dans les cas douteux, le Sous-Préfet doit s'abstenir.

Les jeunes gens qui auraient été portés mal à propos sur les tableaux de recensement en sont rayés ; toutefois, dans les cas douteux, le sous-préfet s'abstient de prononcer et maintient les réclamants sur les tableaux, sauf décision définitive du conseil de révision (art. 17 de la loi).

54. Annotation sur l'expédition du tableau.

Le sous-préfet annote sur l'une des expéditions du tableau de recensement qui lui a été remise, dans la colonne ménagée à cet effet, tous les changements et corrections auxquels l'examen a donné lieu ; il y fait connaître les motifs de ces changements ou corrections.

55. Tableaux de recensement rectifiés et signés.

Le tableau rectifié de chaque commune est définitivement arrêté par le sous-préfet, et signé, séance tenante, tant par lui que par l'officier municipal qui l'a assisté (art. 16 de la loi).

56. Derniers avertissements aux jeunes gens.

Les jeunes gens, leurs parents ou tuteurs sont prévenus en même temps que les réclamations qu'ils auraient encore à faire relativement à la formation et à la rectification de ces tableaux, doivent désormais être portées devant le conseil de révision.

CHAPITRE II

TIRAGE AU SORT

57. Tirage au sort.

Les opérations du tirage au sort commencent immédiatement après que les tableaux de recensement de toutes les communes du canton ont été rectifiés et définitivement arrêtés.

58. Ordre dans lequel les communes doivent tirer au sort.

Dans les cantons composés de plusieurs communes, le sous-préfet, en présence des maires qui l'assistent, fait d'abord inscrire sur des carrés de papier de la même dimension les noms de toutes les communes composant le canton ; il en donne ensuite lecture à haute voix, et, après avoir fermé et roulé tous les bulletins de la même manière, il les jette et les mêle dans l'urne destinée à les recevoir. A mesure que le nom d'une commune est tiré de l'urne, ce nom est inscrit sur une liste particulière devant servir à régler, conformément à l'article 17 de la loi du 15 juillet 1889, l'ordre dans lequel l'appel des communes sera fait au moment où les jeunes gens doivent prendre leur numéro.

59. Liste préparée à l'avance.

La liste de tirage est établie sur un cadre imprimé ; elle est préparée à l'avance pour chaque canton par les soins du sous-préfet.

60. Numéros de tirages imprimés.

Les numéros de tirage sont imprimés sur des bulletins individuels uniformes.

61. Numéros formant une série continue.

La totalité des bulletins forme, depuis le n° 1er, une série continue de numéros égale au nombre des jeunes gens appelés à concourir au tirage et inscrits sur les tableaux de recensement rectifiés.

62. Bulletins vérifiés par le sous-préfet.

Le sous-préfet compte lui-même publiquement les bulletins, vérifie le numéro de chacun d'eux et, après s'être assuré qu'il n'y a erreur ni dans la quantité des bulletins ni dans l'inscription des numéros, il en fait la déclaration à haute voix (art. 17 de la loi).

63. Numéros attribués aux omis.

Le sous-préfet met de côté les premiers numéros en nombre égal à celui des jeunes gens omis des classes antérieures, qu'ils aient ou non été condamnés par les tribunaux.

Les premiers d'entre les numéros, ainsi mis de côté, sont attribués aux omis condamnés, les suivants aux omis non condamnés.

Le sous-préfet inscrit successivement en tête de la liste du tirage ces deux catégories de jeunes gens en observant, pour chaque catégorie, l'ordre où les jeunes gens se trouvent portés sur les tableaux de recensement, ainsi que l'ordre dans lequel les communes doivent participer au tirage (art. 17 de la loi).

64. Numéros placés dans des olives.

Après le retranchement des numéros attribués aux omis, le sous-préfet compte chacun des numéros restants, vérifie de nouveau si le nombre en est égal à celui des jeunes gens appelés à tirer au sort et les mêle dans l'urne destinée à les recevoir (1).

65. Ordre d'appel des jeunes gens.

Le tirage au sort pour chaque commune s'effectue d'après l'ordre qui a été réglé par le sort, ainsi qu'il est dit au n° 58 de la présente instruction ; mais les jeunes gens sont appelés dans l'ordre de leur inscription sur les tableaux de recensement.

66. Identité des jeunes gens constatée.

Afin de constater l'identité des jeunes gens, le sous-préfet fait

---

(1) Si, par exemple, dans un canton, il existe 250 jeunes gens appelés à concourir et, que sur ce nombre, il y ait trois condamnés pour omission, et deux omis non condamnés, il ne devra être déposé dans l'urne que 245 numéros ou olives, à partir du n° 6 ; puisque les n°s 1, 2 et 3 auront été mis à l'écart et affectés aux trois omis condamnés, et les n°s 4 et 5 aux omis non condamnés.

décliner à chacun d'eux, au moment où il vient prendre un numéro dans l'urne, ses noms et prénoms, ainsi que ceux de ses père et mère, et lui adresse des questions sur sa famille, sa filiation, sa profession, etc. Il est très essentiel de procéder avec le soin le plus minutieux à ces constatations, surtout quand sur le tableau de recensement figurent l'un à la suite de l'autre plusieurs jeunes gens dont les noms de famille sont identiques, ou présentent des consonnances analogues, circonstances qui peuvent amener les jeunes gens à tirer un numéro à l'appel d'un autre nom que le leur et à ne pas répondre à l'appel de leur propre nom.

D'autres encore, soit par ignorance, soit par calcul, prennent part au tirage au sort à la place de frères plus âgés portés sur les tableaux de recensement bien qu'ils soient décédés en bas âge (1).

67. Tirage et proclamation des numéros.

Chaque jeune homme prend dans l'urne un numéro qui est remis au sous-préfet et proclamé immédiatement par ce fonctionnaire (art. 17 de la loi).

68. Absents suppléés.

Les parents ou, à leur défaut, le maire de la commune, tirent à la place des absents, toujours en suivant l'ordre dans lequel ils sont inscrits sur les tableaux de recensement (art. 17 de la loi).

---

(1) Dans de telles circonstances, l'inscription opérée sur les tableaux de recensement se rapportant au jeune homme décédé, et non à son frère puîné, ce dernier ne saurait se prévaloir des conséquences du tirage au sort, si elles lui sont favorables, pas plus que, si elles lui sont contraires, elles ne sauraient lui être opposées. Il y a lieu dès lors de rayer purement et simplement desdits tableaux le jeune homme décédé, tandis que le frère puîné doit être reporté au tirage de la classe à laquelle il appartient par son âge.

69. Inscription des jeunes gens sur la liste.

Aussitôt qu'un numéro a été proclamé, les nom, prénoms et surnoms du jeune homme auquel il appartient, sont inscrits en regard de ce numéro sur la liste de tirage préparée à l'avance.

70. L'opération du tirage ne peut être recommencée.

L'inscription prévue sous le n° 69 est définitive, et le numéro proclamé reste attribué au jeune homme dont le nom avait été appelé par le sous-préfet, lors même qu'un autre inscrit se serait substitué à celui qui devait tirer. L'opération du tirage ne peut en effet sous aucun prétexte être recommencée (art. 17 de la loi).

71. Responsabilité en cas d'erreur.

Toute erreur en matière de tirage au sort a une extrême gravité. Les fonctionnaires chargés de présider à cette opération doivent donc, sous peine d'engager sérieusement leur responsabilité, se conformer scrupuleusement à toutes les recommandations ci-dessus.

72. Nombre des numéros inférieur à celui des inscrits.

Cependant la loi prévoit le cas où, malgré les précautions prises, il arriverait que le nombre des numéros déposés dans l'urne fût inférieur à celui des jeunes gens inscrits. Dans ce cas ceux qui ne se trouvent pas pourvus de numéros, sont placés sur la liste cantonale à la suite des jeunes gens qui ont participé au tirage au sort. Il est procédé entre eux, *séance tenante,* à un tirage supplémentaire qui détermine l'ordre de leur inscription sur la dite liste.

73. Jeunes gens au sujet desquels aucun motif d'exemption ou de dispense n'aura été indiqué.

Des annotations sur la liste de tirage font connaître :

1o Les jeunes gens qui, s'étant présentés, n'auraient à faire valoir aucun motif d'exemption ou de dispense (1) ;

2e Les jeunes gens qui, absents, ont été représentés par leurs parents ou par les maires, et au sujet desquels aucune observation n'aura été faite pour réclamer l'exemption ou la dispense (2) ;

3° Les absents qui ne se sont pas fait représenter (3).

74. Mention spéciale relativement aux infirmités présumées simulées ou aux mutilations volontaires.

Lorsque les jeunes gens sont dans le cas de demander l'exemption pour infirmités, et que ces infirmités sont de nature à faire naître des soupçons, le sous-préfet consulte le maire de la commune, et, s'il résulte de sa déclaration ou de la notoriété publique que les infirmités peuvent être simulées ou paraissent provenir de mutilation volontaire, une annotation dans ce sens est portée sur la liste de tirage.

75. Jeunes gens examinés dans le lieu de leur résidence.

Le sous-préfet annote sur la liste de tirage les jeunes gens qui demandent ou ont déjà demandé à être visités dans le lieu de leur résidence (nos 30 et 31 de la présente instruction).

76. Degré d'instruction des jeunes gens.

Les sous-préfets s'assurent avec le plus grand soin de l'exactitude des renseignements portés sur les tableaux de recensement, au sujet du degré d'instruction et de la profession des

---

(1) On mettra en regard du nom de chacun de ces jeunes gens : *présent, point de réclamation*.

(2) On mettra en regard du nom de chacun de ces jeunes gens : *absent, s'est fait représenter, point de réclamation*.

(3) On mettra en regard du nom de chacun de ces jeunes gens : *absent, ne s'est pas fait représenter*.

jeunes gens, soit en questionnant ces jeunes gens eux-mêmes, soit par tout autre moyen qu'ils jugent convenable, et ils rectifient ceux de ces renseignements qu'ils reconnaissent inexacts.

77. Liste de tirage lue à haute voix.

Toutes les opérations du tirage étant terminées, la liste de tirage est lue à haute voix (art. 17 de la loi).

78. Liste signée par le sous-préfet et par les maires.

Elle est ensuite arrêtée et signée par le sous-préfet et par les maires du canton, et annexée, avec les tableaux de recensement rectifiés, au procès-verbal des opérations (art. 17 de la loi).

79. Procès-verbal des opérations.

Ce procès-verbal, dressé par le sous-préfet et signé tant par lui que par tous les maires du canton, mentionne avec soin : la date et la nature des opérations, leur durée, le nombre des jeunes gens par commune, compris définitivement sur les tableaux de recensement et appelés à tirer au sort, l'ordre dans lequel les communes ont été désignées pour le tirage, les noms et prénoms des omis auxquels les premiers numéros ont dû être affectés, enfin tous les incidents qui, à raison de leur nature ou de leur importance, doivent être signalés.

Il est rédigé suivant la formule ci-jointe (modèle n° 3).

CHAPITRE III

PUBLICATION ET TRANSMISSION DE LA LISTE DE TIRAGE

81. Publication de la liste.

La liste de tirage est publiée et affichée dans chaque commune du canton, conformément au dernier paragraphe de l'article 17 de la loi.

82. Modèle de la liste à publier.

L'affiche est conforme au modèle annexé à la présente instruction.

83. Documents adressés aux préfets.

Immédiatement après les opérations du tirage de chaque canton, le sous-préfet envoie au préfet du département une expédition authentique de la liste de tirage (modèle n° 2), ainsi que du procès-verbal qui a été dressé (modèle n° 3).

84. Documents relatifs aux jeunes gens à examiner au lieu de leur résidence.

Le sous-préfet adresse en outre au préfet, dans le plus bref délai, un extrait particulier de la liste de tirage (modèle n° 12) concernant chacun des jeunes gens qui demandent à être examinés dans le département de leur résidence. Il y joint une feuille individuelle (modèle n° 13), ainsi qu'il est dit aux n°ˢ 30 et 31 de la présente instruction.

85. Seconde expédition des tableaux.

Le sous-préfet remet aux maires la seconde expédition des tableaux de recensement après y avoir fait inscrire : 1° les rectifications convenables pour qu'elle soit conforme à celle qui est restée entre ses mains ; 2° tous les renseignements qui ont été portés sur la liste de tirage, conformément aux n°ˢ 73, 74 et 75 de la présente instruction.

Paris, le 4 décembre 1889.

Le Ministre de la Guerre,

C. DE FREYCINET.

BORDEREAU des pièces à produire au conseil de révision pour les jeunes gens qui se trouvent dans un des cas de dispenses prévu par les articles 21 et 30 de la loi du 15 juillet 1889 sur le recrutement de l'armée.

INDICATION DES CAS DE DISPENSES PRÉVUS PAR L'ARTICLE 21 DE LA LOI.	INDICATION DES PIÈCES A PRODUIRE.
§ 1er DE L'ARTICLE 21. Aîné d'orphelins de père et de mère, ou aîné d'orphelins de mère, dont le père est légalement déclaré absent ou interdit..............	Acte de mariage des père et mère. Actes de décès des père et mère. Certificat de trois pères de famille, approuvé par le maire, visé par le sous-préfet, et conforme au modèle A ci-annexé. En cas d'absence ou d'interdiction du père, remplacer l'acte de décès de ce dernier par une copie du jugement déclarant l'absence ou prononçant l'interdiction, et remplacer le certificat modèle A par le certificat de trois pères de famille, modèle B.
§ 2 DE L'ARTICLE 21. Fils unique ou aîné des fils d'une femme actuellement veuve.	Acte de mariage des père et mère. Acte de décès du père. Certificat de trois pères de famille, modèle C.
Petit-fils unique ou aîné des petits-fils d'une femme actuellement veuve........	Acte de mariage des aïeuls. Acte de mariage des père et mère. Acte de décès de l'aïeul. Certificat de trois pères de famille, modèle D.
Fils unique ou aîné des fils d'une femme dont le mari est légalement déclaré absent ou interdit.........	Acte de mariage des père et mère. Copie du jugement déclarant l'absence ou prononçant l'interdiction. Certificat de trois pères de famille, modèle E.
Petit-fils unique ou aîné des petits-fils d'une femme dont le mari est légalement déclaré absent ou interdit...	Acte de mariage des aïeuls. Acte de mariage des père et mère. Actes de décès des père et mère. Copie du jugement déclarant l'absence ou prononçant l'interdiction. Certificat de trois pères de famille, modèle F.

INDICATION DES CAS DE DISPENSES PRÉVUS PAR L'ARTICLE 21 DE LA LOI.	INDICATION DES PIÈCES A PRODUIRE.
Fils unique ou aîné des fils d'un père aveugle........	Acte de mariage des père et mère. Certificat de trois pères de famille, modèle G.
Petit-fils unique ou aîné des petits-fils d'un grand-père aveugle...............	Acte de mariage des aïeuls. Acte de mariage des père et mère. Actes de décès des père et mère. Certificat de trois pères de famille, modèle H (1).
Fils unique ou aîné des fils d'un père entré dans sa soixante et dixième année..	Acte de mariage des père et mère. Acte de naissance du père. Certificat de trois pères de famille, modèle I.
Petit-fils unique ou aîné des petits-fils d'un grand-père entré dans sa soixante et dixième année..........	Acte de mariage des père et mère. Actes de décès des père et mère. Acte de naissance de l'aïeul. Certificat de trois pères de famille, modèle J.
§ 3 DE L'ARTICLE 21. Fils unique ou aîné des fils d'une famille de sept enfants au moins.	Acte de mariage des père et mère. Actes de naissance des enfants. Certificat de trois pères de famille, modèle K.
5e ALINÉA DE L'ARTICLE 21. Puîné d'orphelins de père et de mère ou puîné d'orphelins de mère dont le père est légalement déclaré absent ou interdit (l'aîné des orphelins étant aveugle ou impotent)...................	Acte de mariage des père et mère. Actes de décès des père et mère. Certificat de trois pères de famille, modèle L (2). En cas d'absence ou d'interdiction du père, remplacer l'acte de décès de ce dernier par une copie du jugement déclarant l'absence ou prononçant l'interdiction, et produire, au lieu du certificat modèle L, le certificat modèle M.
Fils puîné d'une femme actuellement veuve (lorsque l'aîné des fils est aveugle ou impotent)............	Acte de mariage des père et mère. Acte de décès du père. Certificat de trois pères de famille, modèle N (2).

(1) Dans ce cas, le conseil de révision ne statue qu'après avoir constaté lui-même ou fait constater l'état physique du père aveugle.

(2) Dans ce cas, le conseil de révision ne statue qu'après avoir constaté lui-même ou fait constater l'état physique du frère.

INDICATION DES CAS DE DISPENSES PRÉVUS PAR L'ARTICLE 21 DE LA LOI.	INDICATION DES PIÈCES A PRODUIRE.
Petit-fils puîné d'une femme actuellement veuve (lorsque l'aîné des petits-fils est aveugle ou impotent).....	Acte de mariage des aïeuls. Acte de décès de l'aïeul. Certificat de trois pères de famille, modèle O (1).
Fils puîné d'une femme dont le mari est légalement déclaré absent ou interdit (lorsque l'aîné des fils est aveugle ou impotent).....	Acte de mariage des père et mère. Copie du jugement déclarant l'absence ou prononçant l'interdiction. Certificat de trois pères de famille, modèle P (1).
Petit-fils puîné d'une femme dont le mari est légalement déclaré absent ou interdit lorsque l'aîné des petits-fils est aveugle ou impotent)...................	Acte de mariage des aïeuls. Copie du jugement déclarant l'absence ou prononçant l'interdiction. Certificat de trois pères de famille, modèle Q (1).
Fils puîné d'un père aveugle ou entré dans sa soixante et dixième année (lorsque l'aîné des fils est lui-même aveugle ou impotent).....	Acte de mariage des père et mère. Acte de naissance du père. Certificat de trois pères de famille, modèle R (2).
Petit-fils puîné d'un grand-père aveugle ou entré dans sa soixante et dixième année (lorsque l'aîné des petits-fils est lui-même aveugle ou impotent)........	Acte de mariage des aïeuls. Acte de mariage des père et mère. Actes de décès des père et mère. Acte de naissance de l'aïeul. Certificat de trois pères de famille, modèle S (3).
Puîné d'une famille de sept enfants au moins (lorsque l'aîné des fils est aveugle ou impotent)...........	Acte de mariage des père et mère. Actes de naissance des enfants. Certificat de trois pères de famille, modèle T (1).

(1) Dans ce cas, le conseil de révision ne statue qu'après avoir constaté lui-même ou fait constater l'état physique du frère.

(2) Le conseil de révision constate lui-même ou fait constater l'état physique du père aveugle, ainsi que celui du fils aîné.

(3) Le conseil de révision constate lui-même ou fait constater l'état physique de l'aïeul aveugle, ainsi que celui du petit-fils aîné.

INDICATION	INDICATION
DES CAS DE DISPENSES PRÉVUS PAR L'ARTICLE 21 DE LA LOI.	DES PIÈCES A PRODUIRE.
§ 4 DE L'ARTICLE 21. Aîné de deux frères inscrits la même année sur les listes du recrutement cantonal...	Acte de mariage des père et mère. Actes de naissance des deux frères. Certificat de trois pères de famille, modèle U.
§ 5 DE L'ARTICLE 21. Jeune homme dont un frère sera présent sous les drapeaux au moment de l'appel de la classe, comme officier, appelé, engagé volontaire pour 3 ans, rengagé, breveté ou commissionné après avoir accompli 3 ans de service, inscrit maritime levé d'office, levé sur sa demande, maintenu ou réadmis au service, quelle que soit la classe à laquelle il appartienne, officier marinier des équipages de la flotte.	Acte de mariage des père et mère. Actes de naissance des deux frères. Certificat de trois pères de famille, modèle V. Certificat de présence, modèle W. Si le frère est inscrit maritime, on produira, au lieu du certificat précédent, un certificat du commissaire de marine, modèle X.
§ 6 ET DERNIER DE L'ARTICLE 21 Frère d'un militaire mort en activité de service, ou réformé, ou admis à la retraite pour blessures reçues dans un service commandé, ou infirmités contractées dans les armées de terre ou de mer...............	Acte de mariage des père et mère. Actes de naissance des deux frères. Certificat de trois pères de famille, modèle Y. Indépendamment de ce certificat, le décès, les blessures, la réforme ou l'admission à la retraite du frère seront justifiés par l'acte de décès, ou le congé de réforme, ou le titre ou la copie certifiée du titre de pension de ce frère, ou par toute autre document authentique faisant connaître les droits à la dispense.
ARTICLE 50 DE LA LOI. Jeune homme fixé avant l'âge de 19 ans hors d'Europe et y occupant une situation régulière...............	Acte de naissance du jeune homme. Certificat du consul, légalisé par le Ministre des affaires étrangères, modèle Z.

VERSAILLES.— CERF ET FILS, IMP. DE LA PRÉFECTURE, 59, RUE DUPLESSIS.

9 782019 635039